Carsten Kottmann

Backnanger Bücher. Stadtgeschichte in historischen Handschriften und
Drucken

Carsten Kottmann

BACKNANGER BÜCHER

Stadtgeschichte in historischen Handschriften und Drucken

Bibliografische Information der Deutschen Nationalbibliothek:
Die Deutsche Nationalbibliothek verzeichnet diese Publikation in der
Deutschen Nationalbibliografie; detaillierte bibliografische Daten sind im
Internet über http://dnb.dnb.de abrufbar.

© 2021 Carsten Kottmann, Hildrizhausen

Herstellung und Verlag: BoD – Books on Demand, Norderstedt

ISBN: 978-3-7543-2456-1

Inhalt

Vorwort

D ieses Büchlein geht zurück auf einen Vortrag mit dem Titel „Alte Backnanger Bücher. Stadtgeschichte in alten Handschriften und Drucken", den ich am 24. April 2018 beim 208. Altstadtstammtisch des Heimat- und Kunstvereins Backnang im dortigen Helferhaus gehalten habe. Die Entscheidung, den Vortrag in schriftlicher Form zu veröffentlichen, ist gewissermaßen auch ein kleines Experiment: Wie gut kann es gelingen, einen reich bebilderten Vortrag in eine Buchform zu überführen, oder anders: Wie kann aus der Mündlichkeit des gesprochenen Worts und der illustrierenden Visualität der Präsentation ein Werk der Schriftlichkeit werden, ohne dabei nennens-

Abb. 1: Das Backnanger Helferhaus.

werte Information – ob unmittelbar, ob illustrierend – zu verlieren? Die Antwort kann kann nur der geben, der sowohl den Vortrag gehört und erlebt als auch dieses Buch gelesen und betrachtet hat. Man wird in diesem Fall jedoch ich Rechnung stellen müssen, dass in den mindestens drei Jahren, die der Vortrag nun zurückliegt, die Erinnerung daran verblasst, der Eindruck dieses Buches jedoch sehr präsent ist – und damit zwangsläufig ein Ungleichgewicht entsteht, das jedwede quasi objektive Antwort auf unsere Ausgangsfrage unmöglich erscheinen lässt.

Sei's drum. So ist dieses Büchlein für die, die den Vortrag gehört haben, eine nette Reminiszenz, und für alle anderen eine schöne Neuigkeit. In jedem Fall wünsche ich beim Lesen dieses besonderen Blickpunkts auf die Backnanger Stadtgeschichte viel Vergnügen und ähnlich viel Freude, wie ich sie beim Entdecken hatte.

Hildrizhausen, im Juli 2021
Carsten Kottmann

1.
Einführung

In diesem Büchlein geht es um Bücher, genauer, um Backnanger Bücher. Und noch genauer: Um historische Backnanger Bücher. Man könnte auch sagen, um alte Bücher, was zwar stimmt, aber immer gleich so staubig, so veraltet, so langweilig und bedeutungslos klingt. Alte Bücher sind aber durchaus wichtige Zeuge, wenn man sich ein Bild von der Vergangenheit machen will, sie bieten dafür wichtige Puzzlestücke.

Trotzdem sprechen wir in diesem Büchlein von historischen Büchern, zum einen, um diese verstaubten Assoziationen zu umgehen, und zum anderen, weil die Bücher, die hier vorgestellt werden, ihrerseits schon wieder Geschichte gemacht haben. Sie helfen nicht nur, das Bild der Vergangenheit zu konkretisieren, sondern sie sind selbst ein Puzzlestück. Es geht um die Texte, aber eben auch um die Bücher, um die Seiten, um den Einband, kurz: um das Material, das diese Texte enthält.

Bevor wir mit den historischen Backnanger Bücher beginnen, soll erst einmal etwas zum Buch als solches gesagt werden. Bücher sind ein Speichermedium. Prinzipiell wie moderne Speichermedien, ein USB-Stick oder eine Flash-Speicherkarte zum Beispiel. Man könnte vielleicht sogar die Speichergröße eines Buches in Kilo- oder Megabytes angeben, auch wenn das sehr ungewöhnlich wäre. Und: Was die Speicherkapazität betrifft, so sind die modernen Speichermedien natürlich viel besser aufgestellt und können auf viel weniger Raum viel mehr Daten speichern. Aber: Auch das Buch beinhaltet eine Technologie, sogar mehr noch eine Kulturtechnologie.

Eine knappe Erklärung, was ein Buch ist, findet man im Internet bei Wikipedia. Dort heißt es im Artikel ‚Buch': „Ein Buch ist […] eine Sammlung von bedruckten, beschriebenen, bemalten oder auch leeren Blättern aus Papier oder anderen geeigneten Materialien, die mit einer Bindung und meistens auch mit einem Bucheinband (Umschlag) versehen ist." Und weiter: „Das Buch ist ein Kulturprodukt, das die Überwindung der Illiteralität zur Voraussetzung hat und die die Entwicklung zur geschriebenen Sprache zur Grundlage nimmt. Seine Verwendung als kommunikatives Mittel setzt eine Schreibkompetenz bzw. Drucktechnik und Lesefähigkeit voraus." Soweit Wikipedia.

Was heißt das alles? Fangen wir mal an mit den Blättern, aus denen Bücher bestehen. In aller Regel sind diese Blätter heute aus Papier. Papier wird aus Cellulose hergestellt, die vor allem aus Holz

gewonnen wird; dabei wird die Cellulose in Wasser eingeweicht, als Brei auf ein Sieb gestrichen und anschließend wieder entwässert. So entsteht ein Faservlies, das verdichtet und getrocknet wird. Dieses Vlies wird geschnitten – und wir haben Papier. Das passiert heute in aller Regel maschinell und industriell, wobei einzelne Herstellungsschritte natürlich auch etwas variieren können.

Abb. 1: Der Papyrer, aus dem 'Ständebuch' des Jost Amman, 1568.

Die Papierherstellung läuft nach diesem Prinzip schon seit Jahrhunderten ab. Begonnen hat sie im ersten nachchristlichen Jahrhundert in China und im 2. Jahrhundert in Korea. Nach Europa kam die Technik recht spät, nämlich erst im 13. Jahrhundert, und die europäische Papierproduktion begann in Italien. Die erste Papiermühle in Deutschland entstand erst 1390 in Nürnberg. Damals wurden alte Lumpen, vor allem aus Leinen, Hanf und Baumwolle, zur Papierherstellung benutzt; das heißt, Papier war damals schon ein Recycling-Produkt. Das Sieb bestand aus einem Metallgeflecht, in das eine Kennzeichnung, also Buchstaben, Zahlen oder Symbole, eingeflochten wurde – so entstand das Wasserzeichen, mit dem man heute noch recht gut das Papier einer Werkstatt, und damit auch im besten Fall einem Entstehungsort und einer Entstehungszeit zuweisen kann.

Papier war seit dem 14. Jahrhundert der am häufigsten genutzte Beschreibstoff für Bücher, aber auch für Urkunden und Briefe. Es war bedeutend einfacher und billiger in der Herstellung als das zuvor benutzte Pergament. Der Grundstoff für Pergament ist wie bei Leder Tierhaut, die aber nicht gegerbt, sondern gekalkt und dann abgeschabt wird. Meistens werden Häute von Kälbern, Ziegen oder Schafen verwendet. Die Haut wird anschließend getrocknet und mit einem Bimsstein weiter geglättet. Dazu wurden sie in einem Rahmen eingespannt, um sie bearbeiten zu können. Das Wort „Pergament" leitet sich von dem griechischen Begriff *membrana pergamena* ab, ‚Häute aus Pergamon',
also aus der Stadt Perga-

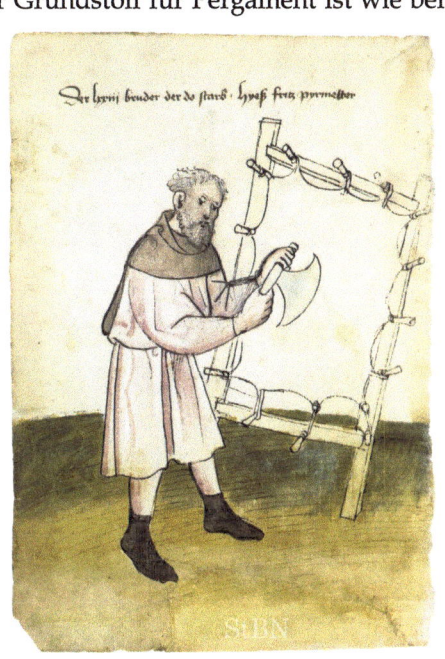

Abb. 2: Der Pergamentmacher, aus den Nürnberger Hausbüchern, um 1425.

mon an der Westküste der heutigen Türkei – heute ist die Stadt nur noch eine Ruine. Das Pergament war gewissermaßen dort eine Noterfindung, denn in Pergamon bestand eine Bibliothek, die der großen ägyptischen Bibliothek in Alexandria Konkurrenz zu machen droht – daraufhin wurde der maßgebliche Beschreibstoff der Antike, das Papyrus, nicht mehr nach Pergamon geliefert, so dass man schließlich auf das Pergament als Alternative kam.

Papyrus wird aus einer Pflanze hergestellt, nämlich der Papyrus-Staude, die zu den Sauergräsern gehört. Die Pflanzenstängel werden längst aufgeschnitten, kreuzweise zusammengelegt und gepresst - der stärkehaltige Pflanzensaft wirkt dabei wie ein Klebstoff. Papyrus ist ein sehr alter Beschreibstoff – das Beispiel hier enthält Verse des altgriechischen Lyrikers Archilochos, geschrieben ca. im 1./2. Jahrhundert nach Christus. Ursprünglich wurden Texte auf ein sehr langes, aus einzelnen Blättern zusammengeklebtes Papyrusblatt geschrieben und dann aufgerollt, und schließlich zum Schutz oft in Leinen eingeschlagen. Die Texte wurden in einzelnen Spalten geschrieben; gehalten wurde die Rolle mittels zweier Holzstäbe. Ausgerollt konnte so ein zusammengeklebtes Papyrusblatt eine beträchtliche Länge haben.

Abb. 3: Papyrus-Fragment, 1./2. Jh. n.Chr.

Allerdings waren diese Rollen in manchen Situationen unpraktisch. Vor allem, als die ersten Christen in Rom noch unter der Verfolgung litten, waren die beim Lesen platzbeanspruchenden Rollen nicht praktikabel. Deshalb fingen Christen an, die Blätter zu einzelnen Lagen zu falten und zu binden – das brauchte zum Lesen weniger Platz. Diese gebundenen Lagen nannte man *Codex*, eigentlich *Caudex*, was ‚Baumstamm' oder ‚Holzklotz' bedeutet, weil zuerst beschriebene holzberahmte Wachstafeln zusammengebunden wurden. Der Begriff ging dann auch auf gebundenes Papyrus, Pergament oder Papier über – das Buch war geboren. Das Buch, so könnte man es sagen, ist also eine Erfindung aus dem christlichen Untergrund.

Beim Buchbindeprozess werden die einzelnen Pergament- oder Papierlagen zusammen mit einem Einband gebunden. Der Einband bestand früher oft aus mit Leder bezogenem Holz, auch aus Pergament für eine größere Handlichkeit, später dann aus mit Leder oder auch mit Papier bezogener Pappe.

Seit damals ist bis heute der Aufbau und auch die grundsätzlich Herstellung eines Buchs gleich geblieben.

Ein Buch war aber vor der Erfindung des Drucks um 1450, allerdings auch danach bis ins 19. Jahrhundert alles andere als eine Massenware, wie es das heute ist. Dadurch, dass es nicht nur materiell,

Abb. 4: Der Buchbinder, aus dem 'Ständebuch' des Jost Amman, 1568.

sondern auch in seinem Inhalt einzigartig war, erhielten Bücher den Nimbus des Mystischen, manchmal auch des Magischen, auf jeden Fall immer des sehr Besonderen. Das hat auch Auswirkungen auf jegliche menschliche Kommunikation, oder etwas enger gefasst, auf Vermittlung von Wissen, von Geschichte und Geschichten – also alles, was für eine Gesellschaft identitätsstiftend ist. Seit der Antike wurde Wissen vor allem mündlich weitergegeben, indem von einer Generation zur anderen gesprochen und gehört wurde. Dieses Vorgehen gibt natürlich bis heute, aber eine nachhaltigere Lösung ist natürlich das Aufschreiben und Lesen von Wissen mit Hilfe von Schriftsystemen. Dieses nachhaltigere Vorgehen mit Schrift und

Schriftstücken, ganz allgemein, blieb aber denen vorbehalten, die die Techniken des Schreibens und Lesens beherrschten, und das war – übrigens bis in die Mitte des 19. Jahrhunderts – eine zwar größer werdende, aber immer sehr gering bleibende Minderheit. Bücher wurden damit zu einem Exklusivitätsprodukt, mit dem weite Teile der Bevölkerung keine Erfahrung, sondern von dem sie höchstes eine sehr leise Ahnung hatten.

Der Weg vom Erzählen und Hören zum Schreiben und Lesen wird als ein Prozess von der Illiteralität hin zur Literalität bezeichnet – also von einer Kultur der Mündlichkeit hin zu einer Kultur der Schriftlichkeit. Diese unterschiedlichen Techniken der Wissensbewahrung, -vermittlung und -aufbereitung vermischten und vermischen sich ständig, aber lassen natürlich völlig andere Gesellschaftsformen und Entwicklungspotentiale zu: Die mündliche Kultur, die in einer gemeinsamen Erinnerung Identität stiftet und Zusammenhalt bietet, steht einer schriftlichen Kultur entgegen, die das Vergangene mitunter eher mit Hilfe der Schrift konserviert, nachschlagbar macht – aber natürlich auch komplexe Technologien mit einer hohen Notwendigkeit von Kompetenztransfer über Generationen hinweg möglich macht.

Die Welt der Bücher, von der Hermann Hesse (wenn auch erst im 20. Jahrhundert) geschrieben hat, dass sie die größte sei, blieb also im Mittelalter und auch in weiten Teilen der Neuzeit dem größten Teil der Bevölkerung verschlossen. In gewisser Weise gilt das auch heute für die Bücher, die in diesem kleinen Büchlein vorgestellt werden: Sie entstammen einer derart anderen Zeit und einer derart anderen Kultur als der unsrigen, dass sie sich nicht von selbst erklären. Man muss sie zum Sprechen bringen, man muss sie untersuchen, ihre Spuren deuten und ihr Umfeld abklopfen.

2.

Liturgische Fragmente

Wenn wir uns in Backnang umschauen, finden wir wenige wirklich alte Bücher, die wir untersuchen könnten - aber es gibt welche. Anhand von drei Beispielen alter Bücher soll gezeigt und vorgeführt werden, wie man diese zum Sprechen bringt und was sie zur Backnanger Geschichte sagen können.

Wir beginnen mit einem Beispiel, das von außen erstmal ein unscheinbar aussehendes Buch ist: Es wird heute im Hauptstaatsarchiv Stuttgart aufbewahrt. Es ist ein sogenanntes Lagerbuch aus dem Jahr 1501, in dem die Einkünfte des Stifts Backnang in den um-

Abb. 5: Der Einband des Backnanger Lagerbuchs von 1501.

liegenden Orten und in Backnang aufgelistet sind. Das Buch als Ganzes ist auch alt, aber für unser momentanen Interesse nicht weiter bedeutsam. Aber es verbirgt sich etwas darin: Die letzte Lage dieses Lagerbuchs ist in ein Pergamentblatt eingebunden. Es handelt sich nur um ein einziges Blatt, aber es war früher Teil eines ganzen Buches. Einige Buchstaben sind rot geschrieben. Es ist ein lateinischer Text, in zwei Spalten, wobei die linke Spalte nur zur Hälfte erhalten ist.

Die Größe des erhaltenen Blattes ist ca. 23 x 31,5 cm, also etwas größer als ein DIN A4-Blatt . Das Blatt ist beschnitten und war ursprünglich um einiges größer, nämlich ca. 33 x 45 cm, also ein ziemlich großes Format. Der Text ist in verschiedene Blöcke gegliedert, und manche dieser Blöcke haben interessante Zeichen: Das sind Neumen, Notenzeichen, die darauf hindeuten, wie der Text gesungen wird. Andere Textblöcke haben diese musikalischen Zeichen nicht.

Abb. 6 u. 7: Die Vorder- und Rückseite des liturgischen Fragments aus dem Backnanger Lagerbuch.

& colent eu in hostiis & muneribus & uo
ta nouebunt dño & soluent h· Emit
te agnum domine dominatorem terre de
petra deserti ad montem filie syon
Ex syon species decoris eius deus noster
manifeste ue ni et ad mont Et per
cutiet dñs egiptum plaga & sanabit eam
& reuertentur ad dñm & placabit eis·
& sanabit eos· In die illa erit uia de e
gipto in assirios· & intrabit assirius
in egiptum· & egiptius in assirios· &
seruient egiptii assur· In die illa erit
isrl tertius egipto & assyrio·benedic
tio in medio terre· cui benedixit dñs
exercituu dicens·Benedictus ppls meus
egypti· & op manuu mearu assyrio·
hereditas aut mea isrl· h· R
de sup et nubes pluant iustum ape ria
tur terra et germinet saluatore rem
Emitte agnum domine dominatorem ter
re de petra deserti ad montem filie syon
In anno quo ingressus est a par
tharran in azotum· cu misisset eum
sargon rex assyrior· & pugnasset cont
azotu· & cepisset eam· in tempore illo
locutus est dñs in manu ysaie filii a
mos dicens· Vade & solue saccum de
lumbis tuis· & calciamenta tolle de
pedibus tuis· Et fecit sic· uadens nud
& discalciatus· Et dixit dñs· Sicut
ambulauit seruus meus ysaias nu
dus & discalciatus· triu annor sig

ue nier Et splen
ter sion non tacebo
dor iustus eius·
nasci saluatorem de
ritus domini sup m
misit me· Ecce uir
cum principibus
Annunciate popul
uam noster uenie
briel angelus ad m
satam ioseph· T H
die uenier ad uos d
Onus deserti
bines ab af
deserto uenit· d
sio dura nunc
dulus est· insid
pulator est· uat
obside mede· on
cessare feci· Prop
lumbi mei dolore
me· sicut angusti
cu audirem· cor
rem· emarcuit c
pescere fecerunt
mir ga de radice
eius as cender et
lumbor et ius· et
num eius· Et
eius deus noster
abylon di
sita e in m

Es handelt sich um einen liturgischen Text, also einen, der im Gottesdienst verwendet wurde. Aber welcher Gottesdienst, und wer hat ihn gefeiert?

Zuerst einmal ein Blick auf die Schrift. Im Mittelalter wurde noch nicht angestrebt, dass jede Personen eine individuelle Schrift ausprägt. Die Kleriker, die ja nahezu ausschließlich schreiben konnten, versuchten, möglichst alle gleich zu schreiben, zumindest alle eines Klosters. Und: Schreiben, vor allem von sakralen Texten, war ein heiliger Akt, und entsprechend sorgfältig sollte eine Schrift dann auch gestaltet sein. Diese Schriftausgestaltung hat sich im Laufe der Jahrhunderte natürlich gewandelt, und so kann man anhand der Schrift eingrenzen, in welchem Zeitraum ein bestimmtes Schriftstück entstanden ist. Hier, so sagt die Paläographie, die Wissenschaft der Schriftgeschichte, handelt es sich um eine so genannte gotische Minuskel, und man kann diese Schrift auf die Jahrhundertwende um das Jahr 1200 datieren.

Aber welche Texte sind in diesem Fragment enthalten, was steht konkret drin? Hier lässt sich vieles entdecken. Da liest man zum Beispiel oben *In matutinis laudibus* ‚Für die morgendliche Lobgesänge'. Die Matutin oder Vigil fand morgens statt, es ist die erste Gebetszeit am Morgen – und damit ist schon klar, dass dieses Fragment nicht eine sonn- oder alltägliche Messe beschreibt, sondern einen Teil des Stundengebets, und damit wurde es von einer klösterlichen Gemeinschaft wie einem Stift, wie das hier in Backnang, gefeiert.

Danach folgen einige Antiphone, Wechselgesänge der Mönche oder Chorherren. Diese Antiphone, von denen es grundsätzlich einige tausend gibt, sind immer bestimmten Tagen im Jahr zugewiesen - und damit lassen sie sich sehr gut datieren. Diese Antiphone in unserem Fragment wurden in der Woche nach dem vierten Advent gebetet. Genauer erfahren wir es weiter unten: *feria tertia lectio* ‚die Lesung am dritten Tag' – das ist die biblische Lesung für diese Matutin-Gebetszeit, hier ein Text aus dem Jesaja-Buch, und der dritte Tag ist der Dienstag, da der Sonntag bereits der erste Tag ist: Also - das morgendliche Stundengebet für Dienstag nach dem vierten Advent, auf der Rückseite des Fragment setzt es sich fort bis zum Donnerstag nach dem vierten Advent. Das Buch, aus dem dieses Fragment stammt, war ein Brevier oder Stundenbuch, in dem die gesamten Texte für das Stundengebet des ganzen Kirchenjahrs festgehalten sind. Von diesem speziellen Brevier ist eben nur diese eine Seite erhalten geblieben.

Jetzt gibt es einen Unterschied zwischen der Matutin der Mönche in einem Kloster und der Matutin der Chorherren in einem Stift. In einem Kloster werden innerhalb der Matutin mehrmals sechs Schriftlesungen eingestreut, in einem Stift bei den Chorherren sind es nur drei Schriftlesungen. In diesem vorliegenden Fragment kann man erkennen, dass es tatsächlich nur drei Schriftlesungen sind – wenn man also davon ausgeht, dass dieses Fragment, das für ein Backnanger Lagerbuch als Einbandmaterial verwendet wurde, tatsächlich aus oder aus der Nähe von Backnang stammt, dann schließen die lediglich drei und nicht sechs Schriftlesungen das zu Backnang nächstgelegene Kloster in Murrhardt beispielsweise aus. Dieses Fragment muss also aus einem Stift stammen, einem Stift wie dem Backnanger Augustiner-Chorherrenstift.

Man kann sogar nachweisen, dass dieses Fragment aus Backnang stammt und dort auch für das Stundengebet verwendet wurde. Dazu muss man ein wenig in die Geschichte des Backnanger Stifts eingehen.

Das Backnanger Augustiner-Chorherrenstift wurde 1116 von Markgraf Hermann I. von Baden und seiner Frau Judith gegründet sowie von Papst Paschalis II. bestätigt. Die badischen Markgrafen hatten damals etlichen Besitz im mittleren Neckarraum, so dass Backnang durchaus ein gewisses Zentrum darstellte. So wurde

Abb. 8: Die Backnanger Stiftskirche heute, das ehemalige Augustiner-Chorherrenstift.

Backnang auch für fünf Generationen Grablege der Badener und fungierte als ihr Hausstift. Im Laufe der Jahre sammelte das Stift etliche Besitztümer an. Einen Einblick in die geistliche Situation des Stifts haben wir durch Wohltäterlisten und Nekrologien, in denen die Förderer und Unterstützer sowie das Totengedenken der Backnanger Chorherren dokumentiert sind.

Allerdings kam es bereits wenige Jahre nach der Gründung zu Schwierigkeiten, so dass ein Neuaufbau notwendig wurde. Dies geschah mit Hilfe des Stifts Marbach im Oberelsass (bei Colmar, heute zur Gemeinde Vœgtlinshoffen gehörig). Denn Backnang wurde 1122, also sechs Jahre nach der Gründung, von Marbach aus neu besiedelt; wahrscheinlich kamen sogar Marbacher Chorherren nach Backnang, um dem Stiftsbetrieb wieder neues Leben einzuhauchen. Was auf jeden Fall von Backnang nach Marbach kam, waren deren *Consuetudines*, also die liturgischen Gewohnheiten, vorstellbar wie eine Satzung bei einem Verein, und damit auch die Art und Weise, wie die Liturgie gefeiert wurde. Das heißt, in Backnang feierte man nun die Liturgie – die Messen an Sonn- und Feiertagen sowie an Alltagen, aber auch das tägliche Stundengebet – nach dem Vorbild von Marbach. Das tat man bis weit ins 13. Jahrhundert hinein; dann wird der Marbacher Einfluss wohl schwächer geworden sein, als die Markgrafen von Baden ihr geistliches Zentrum in der Mitte des 13. Jahrhunderts ins Zisterzienserinnenkloster Lichtenthal bei Baden-Baden verlegten, und spätestens zum Erliegen gekommen sein, als um 1300 Backnang an die Württemberger ging. Details wissen wir dazu jedoch nicht.

Marbach hatte eine sehr charakteristische Liturgie ausgebildet, die ihre Eigenheiten besaß. Leider haben wir nur sehr wenige liturgische Texte aus Marbach selbst. Aber: Wir haben liturgische Texte aus anderen Stiften, die wie Backnang von Marbach aus gestaltet wurden, und können damit die Marbacher Liturgie rekonstruieren. Das geht – um auf unser Fragment zurückzukommen – für die Adventszeit ganz hervorragend mit liturgischen Texten aus der Tradition des Klosters Interlaken im Kanton Bern in der Schweiz. Denn in Interlaken wurde in der Woche nach dem vierten Advent eine bestimmte Reihe von Antwortgesängen, den Responsorien, gesungen:

Abb. 8 u. 9: Die Ruinen des Augustiner-Chorherrenstifts Marbach im Elsaß, oben in einer Zeichnung von 1820. Heute (unten) sind nur noch Grundmauern zu sehen.

1. *Clama in fortitudine ...*
2. *Orietur stella ...*
3. *Modo veniet ...*
4. *Egredietur dominus ...*
5. *Praecursor pro nobis ...*
6. *Videbunt gentes .,..*
7. *Emitte agnum ...*
8. *Rorate caeli ...*
9. *Germinaverunt campi ...*
10. *Egredietur virga ...*
11. *Radix Jesse ...*
12. *Annunciatum est ...*
13. *Veni domine ...*
14. *Non discedimus ...*
15. *Intuemini quantus ...*

Dies sind lediglich die jeweiligen Anfänge dieser Marbacher Advents-Responsorien, wie sie aus Interlaken überliefert sind. Wenn man nun diese Responsorien-Reihe mit der vergleicht, die im Backnanger Fragment enthalten ist, kann man auch sehr gut eine Übereinstimmung feststellen: Denn das vierte bis zehnte Responsorium findet sich auch in identischer Reihenfolge im Backnanger Fragment. Dass man die anderen nicht findet, liegt daran, dass das Fragment hier zu Ende ist. Aber die Übereinstimmungen reichen aus, um sagen zu können, dass das Fragment Marbacher Liturgie enthält, und damit kann man auch davon ausgehen, dass das gesamte nun weitestgehend verlorene Buch Marbacher Liturgie beinhaltet haben muss. Es folgt: Es handelt sich um das Fragment eines Breviers, eines Stundenbuchs, das seit ca. 1200 in Backnang für das Stundengebet verwendet wurde. Ob das Brevier auch in Backnang geschrieben wurde, oder in Marbach oder in einem anderen von Marbach abhängigen Stift, und dann nach Backnang gebracht wurde, kann nicht mehr gesagt werden. Aber das Fragment gibt einen kleinen Einblick in das liturgische Alltagsleben der Backnanger Chorherren, von dem wir sonst kaum etwas wissen.

Dass das Fragment dann für ein 1501 entstandenes Lagerbuch – oder einen Teil davon – als Einband diente, liegt wohl an veränderten liturgischen Gebräuchen: 1477 wurde Backnang in ein weltliches Kollegiatstift umgewandelt, das heißt, die engen Stiftsregeln wurden gelockert und der klösterliche Charakter des Stifts wurde aufgehoben. Es wurde zwar weiterhin die Messe und das tägliche Stundengebet gefeiert, nun aber – wenn nicht sogar schon vorher bei den Veränderungen in Backnang im 13. Jahrhundert – mit einer etwas anderen Liturgie, die nun nicht mehr diese Marbacher Eigenheiten aufwies. Das heißt: Das Brevier war spätestens jetzt nicht mehr aktuell, man brauchte es nicht mehr im Stundengebet, also konnte man es auseinandernehmen und die einzelnen Blätter recyclen, für andere Zwecke wiederverwenden – zum Beispiel, um 1501 einen Teil des Lagerbuchs damit einzubinden. Und so hat es sich bis heute erhalten. Wo der Rest des Breviers ist, ob es ihn noch gibt, wissen wir nicht.

3.
Ein Predigt-Handbuch

Wir kommen zum zweiten Beispiel. Dabei handelt es sich nun nicht nur um ein Fragment, sondern um ein ganzes Buch. Es befindet sich heute in der Württembergischen Landesbibliothek in Stuttgart. Auch das ist ein Backnanger Buch, ein altes Backnanger Buch – aber worum handelt es sich? Von außen erkennt man schon, dass es in zwei Holzdeckel eingebunden ist,

Abb. 11: Der Einband der Handschrift aus der Württem-bergischen Landesbibliothek Stuttgart.

und diese Holzdeckel sind mit dunklem Leder bezogen, aber auf dem vorderen Deckel ist fast die Hälfte des Leders abgerissen. Der Rücken wurde im 20. Jahrhundert mit hellem Leder ausgebessert, offensichtlich lagen hier noch weitere Defekte vor. Es fehlen charakteristische Verzierungen, mit denen eine genaue Datierung zumindest des Einbands leichter wäre. Aber: Alles in allem sieht es nach einem Einband aus dem späten Mittelalter aus, also ca. aus dem 14. oder 15. Jahrhundert.

Schlägt man das Buch auf, zeigt das Schriftbild zuerst einmal: Das ist ein geschriebenes, kein gedrucktes Buch, also eine Handschrift. Die Art der Schrift ist ein sehr typisches Beispiel für das späte Mittelalter, eine so genannte Bastarda. Tausende Handschriften wurden in dieser Schrift geschrieben. Das meiste wurde in schwarzer Tinte ausgeführt, einige Stellen – wohl die Überschriften – und eine Initiale sind auf dieser Doppelseite rubriziert, also in roter Tinte geschrieben. Auch sind manche Buchstaben mit rot verziert.

Dann die nächste Frage: Was für eine Sprache ist das? Es ist nicht Latein, sondern Deutsch. Schaut man sich die Sprache näher an, so entdeckt man, dass es sich um den mittelalterliche schwäbischen

Sant Ostmar finden vnd wid' hein ze fuert vnd Ko ziaret /
mit gröze eren da be scahen gröz zeichen. **De scā elizabeth**
Gnade Elizabeth wz emes kungos tohr' vā vngn der hez
Belian hie wart geszebn eme Kant Grauen vō durm
ze d' hier Ludewig mit lebe su also der demutlich dz su
ze allen ziten me vnd de gesind vnd' zenig waz als amū
ne wo d' Lantgve vber mer gefuir vnd ze starp. Do gez
ich sie sich mir Star gen Marpurg vnd daz wavar gut
dz ir wart fur ir zu gelt. Daz gab sie on dz spital vn
arme lute vnd die not in dem Spual den siechen vnz
an wil tot. Wie herlig ir lebn wie md' er vnd dar nach
wie sie die ellenden herbergte die nackenden kleit die
hungigen spiset die durstig trankont vnd och die vsetzig
en vn ander siechen batte vii müsth vnd zruk vn becket vn
se ind' leyt vnd wie gröze mass wanz bruder Cunrat
vnd wie vil zouche sie tet by ire be lebene vnd nach ir
lebene / vnd sie er bezit wart / vn gekronet. Ja von ist
nit not vil ze sagene wan die sie heime suchent / Die
wissen ez alles wol. **De sancta Cecilia**
Sancta Cecilia wz ein römin vnd wz vō edelm geslch
techte. Vnd wz em römin maget vnd wz ze mehelt eme
herren vō rome der hiez Valeriant / do dir zit kam dz
man sie im zu legen solte vnd diz hochgezit ge machet wz
do bat vnsn hre mit gant ze hezen dz er ir be huere ire
magtum vnd dez nahtes do su im zu gelet wart. Do sp
ach su zu ime valeriane ich wil dur sagen mine heimg
lich hān em engel vō hymel d' ist min hüetu du mich
vmbe am har d' slecht dich ze tod Valerian ersrak vnd
bat sie dz sie in den engel lieze sehen / do sprach sie nu sand
vf vn bette dise naht mere morn / Do du hochgezit dan
zorgar / So geschiher dz mann wart / do sant su m zude
Babest d' hiez Vrban / vnd dz er prethe. Cecilia het moch
h' ze sant / Dz ich wde ge toufet / ded vrban' waz fro vn
sprach in d' stobn vor / vnd do er me eptenlich lebn fur
bet / Do erspein fur m am alte hre in sine wism ge wande
do stunt an ge schriben mit guldne büt buchstabn vn
deus vnda fides vnu baptisma / Ez ist ein got em ge
laube vnd ein touf Daz wz Valerian / do sprach Ece vr

Dialekt handeln muss, eine deutsche Sprachvariante, die zu dieser Zeit ungefähr im heutigen Schwaben bis hin zum heutigen Bayerisch Schwaben um Augsburg gesprochen wurde. Hinter Augsburg grenzte das Bairische an, im Süden und Südwesten das Alemannische, im Nordwesten, Richtung Odenwald, das Rheinfränkische und im Nordosten, bald hinter Heilbronn, das Ostfränkische. Das hier also ist schwäbisch.

Aber von was handelt das Buch? Wenn wir uns die Rubriken, also die rot geschriebene Überschriften anschauen: *De sancta Elizabeth*, oder *De sancta Cecilia*. Die Überschriften sind also lateinisch, und es handelt sich um zwei Heilige: Elisabeth, deren Fest am 19. November gefeiert wird, und Cäcilia, mit dem Fest am 22. November, also zwei Heilige, die im Kirchenjahr aufeinander folgen. Und die Texte dazu sind relativ kurze Predigten, die anlässlich dieser Feste gehalten werden können. In deutscher Sprache, bereits im späten Mittelalter. Denn die Predigt in deutscher Sprache war – entgegen der teilweise existierenden landläufigen Auffassung – ein weit verbreitetes Phänomen im Mittelalter. Während der Feier des Gottesdienstes, also der Liturgie die lateinische Sprache vorbehalten blieb, sind spätestens seit der zweiten Hälfte des 12. Jahrhunderts deutschsprachige Predigten erhalten. Und bei diesen Predigten hier handelt sich um eine Sammlung von deutschen Heiligenpredigten, die in der literaturwissenschaftlichen Forschung als die ‚Schwäbischen Heiligenpredigten‘ bezeichnet werden. Heiligenpredigten waren das gesamte Mittelalter hindurch beliebt und verbreitet. Quelle für die Predigten waren in aller Regel Sammlungen von Legenden, also Lebens- und Tatenbeschreibungen von Heiligen. Im 13. Jahrhundert hatte der Dominikaner Jacobus de Voragine (um 1230-1298) versucht, die ihm verfügbaren Legenden neu zusammenzufassen; mit der daraus entstandenen Sammlung der *Legenda aurea* hatte er eines der am weitest verbreiteten religiösen Erbauungsbücher des späten Mittelalters geschaffen. Es fiel in einer äußerst kirchenfrommen Zeit auf einen fruchtbaren Boden und beeinflusste die Mentalität aller sozialen Schichten nachhaltig.

Die *Legenda aurea* sind quasi die Materialsammlung, aus der man sich für die Predigten zu Heiligenfesten bediente. Und diese Predigten waren ungemein populär: Dazu trug auch die bald einsetzende umfangreiche deutschsprachige Überlieferung bei. Die Sammlungen der Lebensbeschreibung von Heiligen sind die am häufigsten überlieferten erzählerische Gattung des gesamten deutschsprachigen Mittelalters.

Die ‚Schwäbischen Heiligenpredigten' finden sich nicht nur in dieser Handschrift, sondern noch in fünf weiteren: Zum Beispiel in einer, die heute in München in der Bayerischen Staatsbibliothek liegt, und die im Jahr 1473 geschrieben wurde. In der Abbildung nebenan ist die Predigt zur heiligen Cäcilia aus der Münchener Handschrift zu sehen. Cäcilia war der Legende nach eine Jungfrau und Märtyrerin aus Rom, die wohl im 3. Jahrhundert n. Chr. gelebt haben soll.

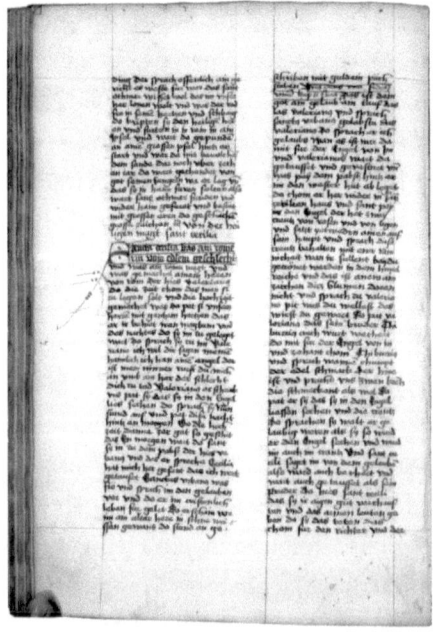

Wenn man beiden Handschriften vergleicht und nebeneinanderlegt, so sieht man, das der Text identisch ist. Vielleicht nicht in jedem Buchstaben, weil im Mittelalter nicht nach dem Duden,

Abb. 13: Eine Seite der Münchner Handschrift, hier in der linken Spalte beginnend mit der Predigt zur heiligen Cäcilia.

sondern nach dem Gehör geschrieben wurden, und je nachdem, in welcher dialektalen Region ein Text entstand, war auch die Schreibweise etwas anders. In der Münchner Handschrift liegt eine bairische Sprachform vor, sie stammt wohl aus Westbayern, also auch in der Nähe zum schwäbischen Sprachraum, aus der ja der Stuttgarter Handschrift stammt.

In den weiteren Handschriften, die heute in der Staatsbibliothek zu Berlin, in der Stiftsbibliothek in Ottobeuren (Allgäu) und in der Seminarbibliothek in Rottenburg am Neckar liegen, ist es genauso: Der Text der Predigten ist immer der gleiche, nur – und das ist auch in der Münchener Handschrift so – die Anzahl der Heiligenfeste und damit der dazugehörigen Predigen variiert teilweise stark.

Was hat diese heute in Stuttgart liegende Handschrift nun mit Backnang zu tun? Da gibt es mehrere Hinweise.

Zum einen findet sich auf der letzten Seite unten ein unscheinbar wirkender Eintrag: eine Federprobe aus der zweiten Hälfte des 15. Jahrhunderts: *Ich Hanß Wolff*. Um wen könnte es sich dabei handeln? Eine Antwort bringt eine Liste von Förderern und Unterstützern, eine so genannte Wohltäterliste, die ebenfalls im 15. Jahrhundert für das Stift Backnang angelegt wurde. Darin findet sich ein: *Johannes Wolf*. Auch wenn natürlich sowohl der Vorname Johannes als auch der Nachname Wolf im 15. Jahrhundert schon sehr häufig vorgekommen sind, ist dies der erste Hinweis, dass diese Handschrift etwas mit Backnang, genauer: mit dem Stift Backnang zu tun haben könnte.

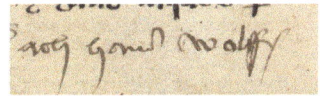

Abb. 14: Namensnennung in der Stuttgarter Handschrift.

Der zweite Hinweis ist präziser, und findet sich auf der gleichen Seite: Da steht: *Noverint universi* – ‚die ganze Welt hat erkannt‘ – das sind wohl die ersten beiden Worte eines Briefes, der hier anzitiert wird. Und dann kommt der Absender und der Empfänger dieses

Briefes: *Officialis domini prepositi ecclesie sancti Widonis Spirensis plebano* – ‚von dem Offizial des Propstes von St. Guido in Speyer an den

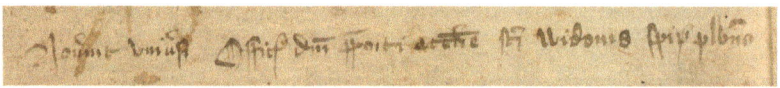

Abb. 15: Briefnotiz mit Absender- und Empfängerangabe in der Stuttgarter Handschrift.

Pfarrer ..‘ – dann bricht der Satz ab. Welchem Pfarrer dieser Brief, der hier ziert wird, zugehen sollte, wissen wir nicht. Aber wir wissen, dass das Stift Backnang im Mittelalter dem Archidiakonat der Diözese Speyer unterstand, an dessen Spitze der Propst des Stiftes St. Guido in Speyer amtete. Dass also gerade dieser Offizial von St. Guido in Speyer hier genannt wird, ist ein weiterer Hinweis auf das Stift Backnang.

Und es gibt noch weitere Hinweise: *Rudelsperg* – ‚Rudersberg‘, und eine Seite weiter vorne, ein weiterer Ortsname, nämlich *Bitten-*

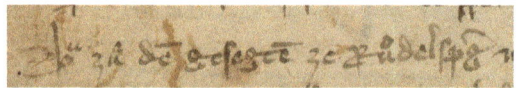

Abb. 16: Nennung des Ortsnamens Rudelsperg - ‚Rudersberg‘ *in der Stuttgarter Handschrift.*

felt, heute zu Waiblingen. Beide Einträge beziehen sich auf die Weihe von österlichen Speisen in den jeweiligen Orten. Interessant ist nun, dass das Stift Backnang in beiden Orten maßgeblich begütert war und auch bei den jeweiligen Kirchen das Kirchenpatronat, das *ius patronatus*, ausübte. Auch wenn es nirgendwo explizit steht: Wenn man diese ganzen Hinweise zusammennimmt, bedeutet das, dass diese Handschrift mit Sicherheit aus dem ehemaligen Augustiner-Chorherrenstift Backnang stammt.

Und auf dieser hier vorliegenden Seite kann man auch lesen, wann die Handschrift entstanden ist: *Anno domini milesimo trecentesimo nonagesimo tertio ante diem festum purificatione sancte Marie virgine.* – ‚Im 1393. Jahr des Herrn, vor dem Fest Mariä Lichtmess.‘ Also eine deutsche Sammlung von Heiligenpredigten, vollendet am Tag vor dem Fest Mariä Lichtmess (das ist der 1. Februar) im Jahr 1393, benutzt und wohl auch geschrieben im Augustiner-Chorherrenstift Backnang.

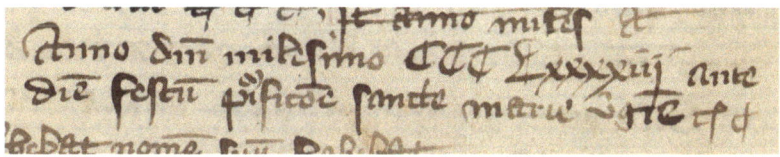

Abb. 17: Datierungsangabe in der Stuttgarter Handschrift.

Dass sich nun eine deutsche Handschrift nach Backnang verorten lässt, zudem eine mit deutschen Heiligenpredigten, also mit Texten, die sich für die Vorbereitung für die Verkündigung in deutscher Sprache zur Vorbereitung verwenden lassen, sagt viel über das pastorale Betätigungsfeld der Backnanger Chorherren im Stift gegen Ende des 14. Jahrhunderts aus. So wurden die ‚Schwäbischen Heiligenpredigten' aller Wahrscheinlichkeit nach für den Prediger als eine Art Handbuch angelegt, das ihm das Material bot, mit dem er seine deutsche Predigt entwerfen konnte. Die Verwendung der ‚Schwäbischen Heiligenpredigten' als ein solches „Predigt-Handbuch" deutet eine Verwendung nicht nur innerhalb der Mauern des Augustiner-Chorherrenstifts Backnang an. Sicher wurde, gerade wegen der Verwendung der Volksspra-

Abb. 18: Der Backnanger Stadtturm, der frühere Kirchturm der Backnanger Stadtkirche St. Michael. Nennung des

che, die Handschrift auch für die Kirche St. Michael, also der Backnanger Stadtkirche, verwendet, um eine Grundlage zu haben, deutsche Predigten für Laien zu entwerfen. Von dieser Backnanger Stadtkirche steht heute nur noch der Turm, der Backnanger Stadtturm.

Es spricht viel dafür, dass die Handschrift nicht nur in Backnang genutzt, sondern auch in Backnang geschrieben wurde, denn manche der genannten notizenhaften Nachträge wurden vom gleichen Schreiber geschrieben wie der Haupttext. Die Sammlung der ,Schwäbischen Heiligenpredigten' wurde aber sicher nicht hier zusammengestellt, sondern, so wird vermutet, eher im westlichen Bodenseeraum bzw. im Oberrheingebiet. Damit sind literarische Verbindungen, wenn auch nur grundsätzliche, von Backnang in diese Gegend wahrscheinlich, und diese Verbindung zeigt auch die starke Verflechtung Backnangs in das südwestdeutsche theologisch-literarische Netzwerk der Zeit.

Sicher ist jedoch, dass im Augustiner-Chorherrenstift deutsche geistliche Literatur nicht nur rezipiert wurde, sondern auch Impulse für die weitere Überlieferung von Backnang ausgingen, da es ganz so aussieht, als ob weitere Handschriften auf der Grundlage der Backnanger Vorlagen entstanden – somit nimmt Backnang in der Überlieferung der ,Schwäbischen Heiligenpredigten' eine Schlüsselrolle ein.

4.
Juristen-Bücher

Bisher hatten wir Beispiele von Büchern, die in einer Instituti-
on wie dem Stift gemeinschaftlich genutzt wurden. Gegen
Ende des Mittelalters, um das Jahr 1500, gab es auch in
Deutschland immer mehr gelehrte Männer, die sich Bücher privat
leisten konnten. Einer dieser Personen dieser Zeit in Backnang, von
dem wir das wissen, war Petrus Jacobi, der von 1496 bis zu seinem
Tod 1509 Probst des Backnanger Stifts war. Jacobi, geboren 1459 im
luxemburgischen Arlon, war trotz seines geistlichen Amts kein
Theologe, sondern Jurist, der quasi in ganz Europa studiert hatte (in
Paris, Basel, Orléans, Pavia und Siena). In Backnang hatte er vor allem eine Versorgungsstelle, die seine Tätigkeit als Berater für den
württembergischen Graf und den späteren Herzog Eberhard im
Bart, für dessen Nachfolger Eberhard II. und für König Maximilian
I. ermöglichte und die ihn in ganz Europa herumbrachte. Zusätzlich
zum Backnanger Amt war er Kanoniker, also Stiftsherr am Heilig-
Kreuz-Stift in Stuttgart und am Stift St. Simonis in Trier. Er hatte also
zwei weitere solche Versorgungsstellen. Es ist nicht davon auszuge-
hen, dass er sich lange an den jeweiligen Orten aufgehalten hat,
auch nicht in Backnang. Aber sein Engagement für das Backnanger
Stift deutet darauf hin, dass Backnang einen gewissen Lebensmittel-
punkt für ihn ausmachte. Wie oft man ihn hier gesehen hat, ist aber
nicht bekannt.

Jacobi war ein typischer Vertreter der ,Kleriker-Juristen', wie diese Gelehrtengruppe genannt wird, weil er als Jurist eine bzw. mehrere geistliche Stellen innehatte und vor allem nicht nur im römischen, also bürgerlichen, sondern auch im kanonischen, also kirch-
lichen Recht ausgebildet war: Er war, wie es heißt, ,Doktor beider
Rechte'. Und er war Humanist: Der Humanismus, genauer gesagt
der Renaissance-Humanismus war eine Bildungsbewegung vor allem des 15. und 16. Jahrhunderts, die sich in erster Linie um die
bestmögliche Verwirklichung menschlicher Fähigkeiten durch Wis-

sen und Tugendbildung bemühte. Dabei griff der Humanismus auf die Ideale der römischen und griechischen Antike zurück, die höchsten Vorbildcharakter besassen. Eine besonders intensive Beziehung entwickelte der Humanismus zum Medium Buch, und diese enge Verbindung zum Buch und zur antiken Literatur drückte sich nicht selten in einer Liebhaberei aus. Für Gelehrte wie Petrus Jacobi waren Bücher, besonders jene mit antikem Inhalt, Wertgegenstände spezieller Art, wie Freunde oder gute Bekannte.

Jacobis Bücherliebe drückte sich zum einen darin aus, dass er als Büchervermittler auftrat. Bekannt ist diese Tätigkeit lediglich für den Humanisten und Hebraisten Johannes Reuchlin; es ist aber denkbar, dass Jacobi auch für andere aktiv wurde. So schrieb Petrus Jacobi am 1. Januar 1488 aus Pavia an Reuchlin, dass er versucht habe, von dem römischen Gelehrten Plinius d.Ä. (23/24-79 n.Chr.) die *Historia naturalis* (,Naturgeschichte'), von dem römischen Historiker Titus Livius (59 v.Chr.-17 n.Chr.) das Geschichtswerk *Ab urbe condita* (,Von der Gründung der Stadt [Rom]') und von dem griechischen Geschichtsschreiber und Geographen Strabon (63 v.Chr.-23 n.Chr.) eine lateinische Fassung der *Geographia* für Reuchlin zu erwerben – lediglich im letzten Fall sei ihm das geglückt, und zwar zu einem günstigeren Preis als

Abb. 19: Johannes Reuchlin (1455-1520).

den von Reuchlin veranschlagten. Auch griechische Bücher wollte Jacobi an Reuchlin vermitteln, wie er ihm zwei Monate später später ebenfalls aus Pavia schrieb; allerdings war auch dies nicht erfolgreich: *Ich bin sicherlich in den Magazinen aller Bücherhändler umhergekrochen, habe aber keine griechischen Bücher, dafür aber viele griechische Landskinder aufgefunden*, so schrieb Jacobi an Reuchlin. An ein griechisches Wörterbuch und an eine griechische Grammatik käme er hingegen gut heran, was aber Reuchlin offensichtlich nicht wollte. 1491 konnte Jacobi einige Seiten der lateinischen Fassung von Homers *Ilias*, übersetzt durch den Philologen und Humanisten Lorenzo Valla (1407-1457), an Reuchlin übergeben. Im Allgemeinen bereitete Jacobi die Büchersuche eine nicht geringe Mühe.

Petrus Jacobi war nicht nur als Büchervermittler für Dritte aktiv, sondern muss auch selbst eine stattliche Bibliothek besessen haben. So berichtet der Professor des Collège de Sainte-Barbe in Paris, Bartholomäus Latomus (nach 1490-1570), in einem Brief vom 1. Mai 1539 an Jacobis Neffen Matthias Held (1498-1563), der Vizekanzler von Kaiser Karls V. war, dass er in seinen Kindertagen die Büchersammlung des Petrus Jacobi gesehen hätte und diese unstreitig groß und umfangreich gewesen sei, und sie hätte gewisslich nicht nur juristische Literatur versammelt. Demnach könnte Latomus die umfangreiche Bibliothek Jacobis durchaus in Backnang gesehen haben. Nach Jacobis Tod kam die Büchersammlung wahrscheinlich in den Besitz seines Neffen Matthias Held, der ab 1541 in Köln nachgewiesen ist. Von dort hat sich Jacobis Bibliothek wohl in alle Winde zerstreut oder ist zu einem Teil im Laufe der Zeit sicher auch vernichtet worden. Aber: Ein paar wenige Spuren haben sich erhalten. Und die erhaltenen Bände zeigen klar den neuen Typus Privatbibliothek, denn es finden sich die persönlichen Besitzeintragungen von Petrus Jacobi darin.

So zum Beispiel in einem Druck, der sich heute in der Stadtbibliothek in Châlons im Burgund (Frankreich) befindet. Es handelt sich um ein Buch eines Humanisten aus Venedig, Bernardo Giustiniani (1408-1489), der für Kaiser Friedrich III., König Ludwig XII. von Frankreich, Papst Pius II., Papst Paul II. sowie für die Städte Neapel, Ferrara und Mailand in diplomatischen Diensten stand und hier zahlreiche seiner Reden und einen großen Teil seiner Korrespondenz veröffentlichte. Gedruckt wurde das Buch ca. 1492 in Venedig.

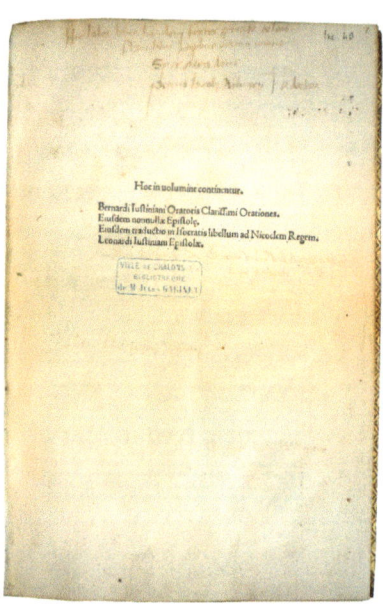

Dass dieser Band aus dem Besitz des Petrus Jacobi stammt, ist aus dem eigenhändigen Eintrag auf dem Titelblatt zu entnehmen: In deutscher Übersetzung: ‚Hier braucht's Mühe, hier hofft auf Ruhm, ihr tüchtigen Bauern! Maßlose Mühsal meisterte alles. Gott ist meine Hoffnung. Petrus Jacobi aus Arlon, Doktor beider Rechte' (*Hic labor hinc laudem fortes sperate coloni. Nam labor Imp[ro]bus omnia uincit. Spea Mea deus. Petrus Jacobj Arlunensis Juris utriusque doctor.*) Der Vers ist

Abb. 20: Ein Druck aus dem Besitz des Petrus Jacobi, mit eigenhändigem Besitzeintrag.

ein Zitat aus der Georgica, dem ‚Landbau' des römischen Dichters Vergil (70 v.Chr.-19.v.Chr.).

Da Jacobi hier beim Namenseintrag nicht auf sein Backnanger

Abb. 21: Heutige Stadtansicht von Arlon (Luxemburg).

Propstamt verweist (wie er es später tat, wie wir gleich sehen werden), weist vermutlich darauf hin, dass er diesen Druck bereits vor 1496 besaß, also bevor er nach Backnang kam.

Vermutlich nach Jacobis Tod gelangte die Inkunabel in den Besitz des Juristen Georg Bock, ebenfalls

aus Arlon, wie der Eintrag am unteren Rand des Titelblatts (*Georgius*

Bock, Iuris Utriusque doctor – ‚Georg Bock, Doktor beider Rechte')
zeigt. Bock hat eines seiner verfassten Bücher Jacobis Neffen Matthias Held gewidmet; darüber hinaus ist über
Bock, der wohl am Anfang des 16. Jahrhunderts wirkte, sonst kaum etwas bekannt. Jacobi scheint aber zeitlebens einen engeren Kon-
takt in seine Heimatstadt Arlon behalten zu
haben. Später erhielt der französische Samm-
ler Jules Garinet (1797-1877) den Band, von
dort gelangte er nach dessen Tod erst in das
Musée Garinet, dann in die Stadtbibliothek in
Châlons.

Abb. 22: Jules Garinet (1787-1877).

Das zweite identifizierbare Buch aus Jacobis Bibliothek liegt heute in der französischen Nationalbibliothek in Paris, besteht aus zwei

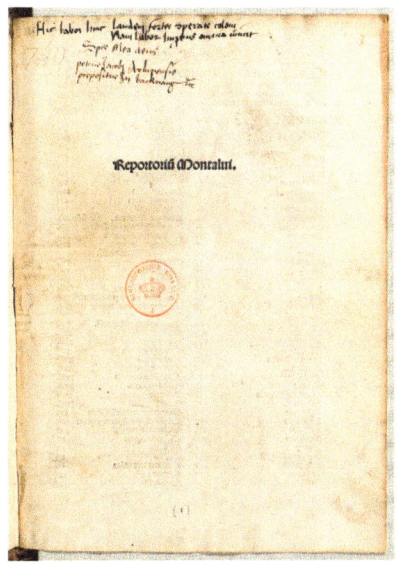

Abb. 23: Ein weiterer Druck aus dem Besitz des Petrus Jacobi, mit eigenhändigem Besitzeintrag.

Teilen und beinhaltet umfassen-
de Gesetzbücher für die spani-
schen Provinzen León und Ka-
stilien, geschrieben von dem
kastilischen Juristen Alonso
Díaz de Montalvo (1405-1499),
gedruckt 1496 bzw. 1498 in Se-
villa.

Jacobis Interesse für das spa-
nische Recht zeigt sich spätestens 1498/1500, als er im Auf-
trag König Maximilians I. unter
anderem in Spanien diploma-
tisch tätig war.

Dass dieses Buch aus Jacobis
Besitz stammt, ist erkennbar am
Eintrag auf dem Titelblatt, der

dem in der Inkunabel aus Châlons nahezu identisch ist; seinem Namen fügt Jacobi hier aber die Amtsbezeichnung ‚Probst in Backnang usw.' (*prepositus in backnang etcetera*) hinzu. Diesen Band erhielt Jacobi demnach erst nach seinem Amtsantritt in Backnang.

Wohin der Band in der Folgezeit kam, ist nicht genau bekannt –

Abb. 24: Carl Leopold von Belderbusch (1749-1826).

ca. 300 Jahre später gelangte er in den Besitz eines Belderbusch, wie auf dem vorderen Spiegel zu lesen ist; dieser Herkunftsvermerk wurde von dem französischen Nationalbibliothekar Joseph van Praet (1754-1837) geschrieben. Es handelt sich dabei um den Geheimen Rat und Hof- und Regierungsvizepräsidenten des Kölner Kurfürsten, Carl Leopold von Belderbusch (1749-1826), der 1772 kurfürstlicher Gesandter am französischen Hof wurde und dorthin seine Bibliothek mitnahm. Nach seinem Tod 1826 wurde die Bibliothek verkauft; einen Teil davon, unter anderem dieser Band aus dem ursprünglichen Besitz Petrus Jacobis, erwarb die französische Nationalbibliothek.

Der dritte Druck, der der Bibliothek des Petrus Jacobi zugeordnet werden kann, liegt heute im Museum August Kestner in Hannover. Es ist ein kurzes Schreiben von Herzog Ulrich von Württemberg anlässlich der Streitigkeiten mit Herzog Eberhard II. vom 15. Juni 1498; es wurde im selben Jahr in Reutlingen gedruckt.

Dabei handelt es sich um das Rundschreiben des 11-jährigen Ulrich von Württemberg (bzw. seiner Vormunde), nachdem wenige Tage zuvor Herzog Eberhard II. von Württemberg auf Druck des württembergischen Landtags und König Maximilians I. seine Regierung niedergelegt hatte. Der noch minderjährige Ulrich war so-

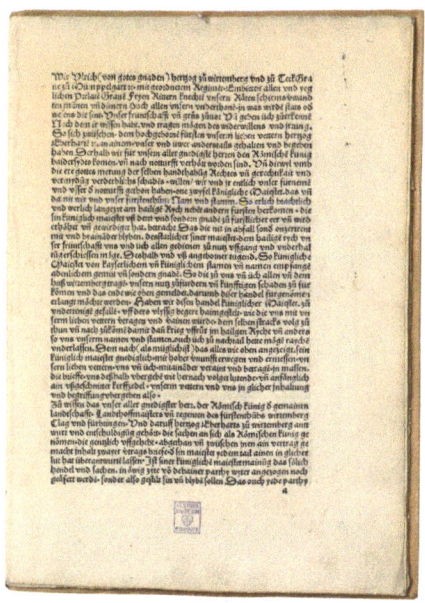

mit als neuer Herzog einge-setzt – natürlich vorbehalt-lich einer Vormundschaftsre-gierung bis zu seiner Volljäh-rigkeit. Für Jacobi und ande-re württembergische Huma-nisten erschien die Regent-schaft Herzog Eberhards II. als eine Barbarei; mit der neuen Regierungssituation, auch angesichts des minder-jährigen neuen Herzogs Ul-rich, verbanden sie weit mehr Hoffnung. Somit war die in diesem Schreiben do-kumentierte Entmachtung Eberhards II. ein besonders positives und perspektivi-

Abb. 25: Ein weiterer Druck aus dem Besitz des Petrus Jacobi, ebenfalls mit einem eigenhändigen Besitzeintrag.

sches Ereignis. Das in Hannover erhaltene Exemplar dieses Drucks, der nur acht Textseiten umfasst, trägt auf einem Nachsatzblatt den wohl kurz nach Erscheinen eigenhändig eingetragenen Besitzein-trag des Petrus Jacobi, der eine deutsche Version des lateinischen Eintrags in den Bänden in Châlons und Paris darstellt: *Hofnung lobes uß arbeit erspringt, Emsig arbeit all ding bezwing. Spes mea. Petrus Jacobi Arlunensis Juris utriusque doctor.* Von einer anderen Hand wurde auf dieses Blatt noch *Seine Hoheit* sowie die Anmerkung *Wirtembergische Ordnung* notiert.

Petrus Jacobi erhielt diesen Druck wohl in seiner Funktion als württembergischer Rat. Außer, dass Jacobi diesen Band besaß, ist nichts über die weitere Geschichte dieses Exemplars bekannt.

Abb. 26: Darmstädter Handschrift aus dem Besitz des Petrus Jacobi.

Jacobi besaß ein weiteres Buch; nämlich eine Handschrift, und diese ist etwas wirklich besonderes – sicher ein Highlight in seiner Bibliothek damals und auf jeden Fall unter den erhaltenen Werken heute.

Es ist eine Handschrift, die sich heute in der Universitäts- und Landesbibliothek Darmstadt befindet: Die einzelnen Blätter dieses handschriftliches Buchs bestehen aus Pergament, und allein das spiegelt in einer Zeit (um 1500), in der Papier deutlich günstiger war, die hohe Bedeutung dieses Bands für seinen Besitzer wider. Die Handschrift ist etwas kleiner als das heutige DIN A4-Format und wurde zwischen Holzdeckel in grüngefärbtes Leder gebunden, das mit einfachen Streicheisenlinien und Rollenstempeln versehen wurde. Der Band ist mit Metallbuckeln an den vier Ecken und in der Mitte verziert – diese schützen die Einbandverzierungen vor Beschädigungen, zum Beispiel beim Auflegen des Buchs auf einen Tisch. Ebenfalls in der Mitte wurde in gelben Buchstaben auf rotem Rahmer der Titel des Buchs angebracht: *Antiquitates urbis Romae ac ceterorum locorum*, ‚Altertümer der Stadt Rom und anderer Orte'. Die Handschrift wurde auf den Wunsch des Petrus Jacobi hin weitgehend von dem aus Ulm stammenden Pfarrer in Türkheim (heute zu Geislingen an der Steige), Johannes Sträler († 1516), zusammmgestellt; sie wurde wohl auch zum großen Teil von diesem geschrieben. Sträler war wie Jacobi Humanist, zudem – obwohl ein Pfarramt ausübte – gelernter Jurist und hatte ebenfalls wie Jacobi enge Beziehungen zum württembergischen Graf bzw. Herzog Eberhard im Bart und zu König Maximilian I., dazu auch zu Johannes Reuchlin.

Schon von außen sieht man dem Band an: Das ist ein Prestigeobjekt, ein Buch, das man gerne aufschlägt und darin blättert, mit dem Erinnerungen verbunden sind, das womöglich das Lieblingsbuch ist – in diesem Fall von Petrus Jacobi. Diese heute Darmstädter

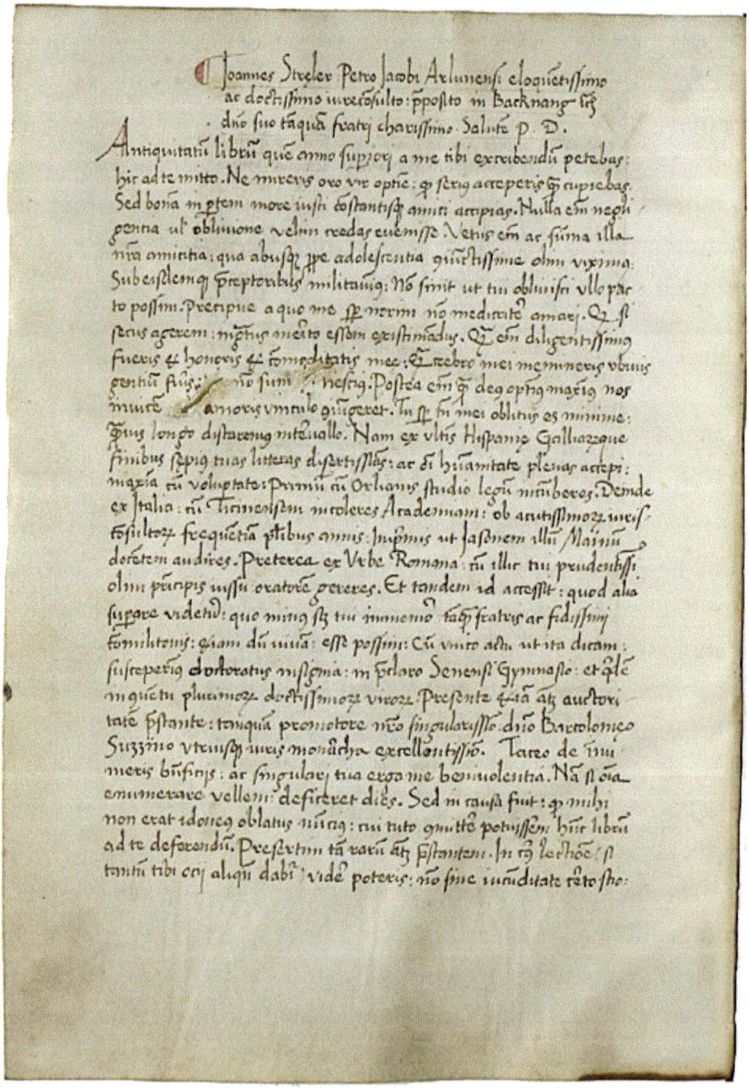

Abb. 27: Der von Johannes Sträler vorangestellte Widmungsbrief in Jacobis Darmstädter Handschrift.

Handschrift ist definitiv ein Schmuckstück aus Petrus Jacobis stattlicher Bibliothek, und es ist ein großer Gewinn, das es bis heute erhalten ist. Johannes Sträler hat der Handschrift einen Widmungsbrief mitgegeben, der manche Informationen über die Biographie des Petrus Jacobi enthält. Sträler und Jacobi haben sich demnach vor Jacobis Studienaufenthalt in Orléans 1484 kennengelernt. Nach einigen Zeilen zur Freundschaft der beiden beschreibt Sträler eingehender diese Handschrift, die er nun Jacobi übereignet: *In diesem Buch hast du verschiedene Epitaphien und sehr alte Epigramme, griechische wie lateinische, die unter größter Mühe und mit einzigartiger Sorgfalt aus den verschiedenen Teilen der Welt gesammelt worden sind, vor allem in der Stadt Rom, die (wie du weißt) das Haupt der Völker zu sein pflegte [...]; ebenso wurden sie an anderen Orten Italiens und Griechenlands vor vielen Jahren auf Säulen, Marmorwänden, Tafeln, Metallplatten und Fundamenten gefunden. Außerdem wirst du darin sehen Siegel und Titel von verschiedenen Urnen, Pyramiden und Obelisken, Triumphbögen, wie sie sehr häufig auf Veranlassung des Volkes aufgestellt wurden. Von diesen Erinnerungsstücken sind viele bis heute erhalten, mit großem Aufwand, einzigartiger Kunstfertigkeit in erlesenen Steinen verschiedener Sorten hergestellt, so wie ich sie nicht ohne Freude und Bewunderung in früheren Jahren gesehen habe, als ich in Rom war.* Das Sammeln von Inschriften war den Humanisten eine gute Möglichkeit, sich den antiken Vorbildern zu nähern und hier sprachliche, historische und kalligraphische Muster für die eigene Gegenwart zu entdecken. Dabei beeindruckte vor allem die Begegnung mit den antiken Inschriften als Dokumenten der Geschichte und Zeugnissen des Zusammenhangs von Ruhm und Zeit, mit ihrer Ästhetik, ihrer Aura und ihrem Prestige. Somit steht das von Sträler zusammengestellte Buch in einer Reihe von weiteren Inschriftensammlungen, die seit dem Ende des 15. Jahrhunderts auch nördlich der Alpen in größeren Zahl zusammengestellt wurden. Die Bandbreite der Vorlagen, die Sträler in seinem

Widmungsschreiben an Jacobi nennt, ist beachtlich, und die Sammlung in ihrem Umfang kann durchaus opulent genannt werden; sie brachte Jacobi, der ja in Italien studiert hatte, ein gutes Stück der Antike und ihrer italienischen Überlieferung nach Württemberg und auch nach Backnang.

Diese Altertümer der Stadt Rom und anderer Orte versammeln zahlreiche dieser lateinischen und griechischen Inschriften. Allerdings finden sich auch zeitgenössische Texte aus dem 15. Jahrhundert bzw. dem beginnenden 16. Jahrhundert darin.

Bei den in der Darmstädter Handschrift überlieferten Texten zeigen sich einige Parallelen mit einer weiteren humanistischen Handschrift: Der sogenannte „Wimpfeling-Codex" ist ein Privatarchiv des Heidelberger Humanisten Jakob Wimpfeling (1450-1528), in dem er eigene Schriften sowie Dichtungen, Briefe, Reden anderer Gelehrter und auch Urkunden und allerlei Aufzeichnungen gesammelt hat – die Handschrift befindet sich heute in der Universitätsbibliothek Uppsala (Schweden). Damit zeigen sich Verbindungen Jacobis zum Heidelberger Humanistenkreis, denn etliche Texte finden sich parallel in beiden Handschriften. Um nur ein Beispiel aufzuzeigen: Ein Gedicht des 15. Jahrhunderts über Deutsche und Franzosen (*Credula versutos odit Germania Gallos ...*) ist in beiden Handschriften überliefert. Es existieren weitere Parallelen zwischen den beiden Handschriften, was Jacobis gute Vernetzung in die deutsche Humanisten-Szene aufweist. Und auch wenn Jacobi keinen so prominenten Status genießt wie z.B. Johannes Reuchlin, Jakob Wimpfeling oder auch später Philipp Melanchthon, so muss er in jedem Fall auf einer Ebene mit diesen gesehen werden.

Auf dem vorderen Spiegel notierte Petrus Jacobi eigenhändig biographische Notizen, aus denen sich sein eigenes Geburtsjahr 1459 sowie die Geburt seiner Neffen Matthias Held im Jahr 1496 und Valerianus Held im Jahr 1506 ergibt. Wenige Seite später findet

Abb. 28: Das Wappen des Petrus Jacobi in der erneuerten Form von 1501/1503.

sich das Wappen des Petrus Jacobi und der Devise *SPES MEA DEUS* (,Gott ist meine Hoffnung'), die sich auch in den Besitzvermerken der Bücher Jacobis findet. Dieses Wappen mit einem turmtragenden Elefanten wurde zwischen 1501 und 1503 von König Maximilian I. gebessert. Der Elefant trägt in dieser erneuerten Fassung einen Doppelturm, in den ein Granatapfel eingefasst ist. Zudem kommt nun als Helmzier eine bärtige Sarazenen-Halbfigur mit jeweils einem Granatapfel in jeder Hand hinzu – ein Hinweis darauf, dass Jacobi Maximilian in diplomatischer Mission nach Granada begleitet hat. Zur Devise *SPES MEA DEUS* kommt oben die eingetragene Jahreszahl 1505 hinzu. Das Wappen zeigt also nicht Petrus Jacobi selbst.

Eine Besonderheit der Handschrift ist zudem eine kleinere Reihe von Abschriften von Inschriften, die wohl auf die Initiative Jacobis selbst zurückgeht. Diese Sammlung umfasst römischen Inschriften aus Augsburg, die der dortige Jurist und Humanist Konrad Peutin-

ger (1465-1547) zusammengetragen hatte. Einzelne der Steine, die die Inschriften tragen, hatte Peutinger in seinem Haus aufgestellt; die Texte der Inschriften veröffentlichte er 1505 in den Büchlein *Romanae vetustatis fragmenta*, den ,Bruchstücken des römischen Altertums'. Von den 23 Inschriftentexten, die in Peutingers Buch enthalten sind, finden sich elf in Jacobis Handschrift. So z.B. die Inschrift über den römischen

Abb. 29: Konrad Peutinger (1465-1547).

Gott Merkur, die sich in Peutingers Buch und auch in Jacobis Handschrift findet – die Original-Inschrift, in Stein gemeißelt, die sich Anfang des 16. Jahrhunderts in Peutingers Privathaus befand, ist heute im Römischen Museum in Augsburg erhalten.

Wohl bald nach der Entstehung des Peutinger'schen Drucks um 1504/1505 könnte Petrus Jacobi diese Inschriftentexte für seine eige-

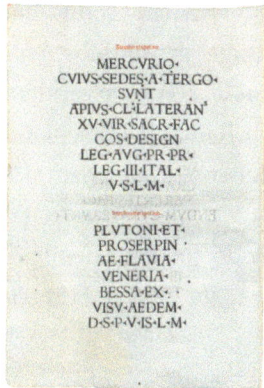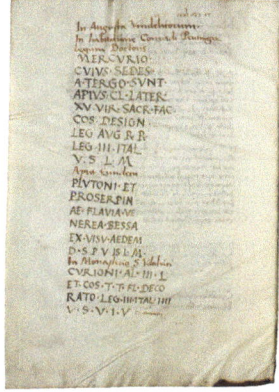

Abb. 30, 31, 32: Die Merkur-Inschrift in Konrad Peutingers Inschriftenbüchlein, in Jacobis Handschrift und die originale Inschrift, die sich heute im Römischen Museum Augsburg befindet.

ne Handschrift kopiert haben. Jacobi und Konrad Peutinger kannten sich nachweislich, auch wenn nicht mehr gesagt werden kann, ob die Abschrift in Jacobis Handschrift direkt über Peutingers Vermittlung oder indirekt über Dritte erfolgte.

Die Darmstädter Handschrift, die Johannes Sträler für Petrus Jacobi zusammengestellt und die Petrus Jacobi um persönliche Texte ergänzt hatte, gelangte nach dessen Tod 1509 in den Besitz von Jacobis Neffen Matthias Held, dem späteren Reichsvizekanzler Kaiser Karls V. Nach 1541 lebte Held nach einem verlorenen Machtkampf um die Vizekanzlerschaft in Köln, und so gelangte die ererbte Bibliothek seines Onkels wohl ebenfalls dorthin. Vermutlich kam die Handschrift darauf in den Besitz des Grafen Hermann von Manderscheid-Blankenheim (1535-1604), der ein starkes Interesse an römischen Altertümern hatte. Aus der Schlossbibliothek der Grafen von Manderscheid-Blankenheim in der Eifel erwarb sie schließlich Ende des 18. Jahrhunderts der Kölner Kunstsammler Adolf von Hüpsch (1730-1805), der sie im Jahr 1801 auch kurz beschrieb: „Ich besitze in meiner Sammlung von alten Handschriften ein antiquarisches Ma-

Abb. 33: Adolf von Hüpsch (1730-1805).

nuskript, welches eine Menge römischer Steinschriften, auch einige griechische enthält, die von einem meiner Anverwandten auf seinen Reisen durch Italien, Deutschland und anderen europäischen Ländern im 15. Jahrhundert gesammelt wurden." Die Angabe zur Herkunft der Handschrift aus der eigenen Verwandtschaft machte Baron Hüpsch aus reiner Aufschneiderer, denn Hüpsch kam aus einfachen Verhältnissen und hatte sich das Adelspädikat lediglich selbst zugefügt. Nach dem Tod von Hüpschs fiel seine Sammlung an Landgraf Ludwig X. von Hessen-Darmstadt zu, der ab 1806 als Ludwig I. Großherzog von Hessen war. Damit gelangte die Handschrift in die Großherzogliche Hofbibliothek, die heutige Universitäts- und Landesbibliothek Darmstadt.

Abb. 34: Ludwig X. Von Hessen-Darmstadt (1753-1830).

Schluss

Bücher sind ein Kulturgut und eine Kulturtechnologie, sie können Wissen bewahren und über Generationen weitergeben. Was heute selbstverständlich und zur Massenware geworden ist, war in früheren Zeiten aufwändig in der Herstellung und kostbar im Besitz. Wir haben uns ein paar Beispiele aus Backnangs Buchgeschichte angeschaut, was sich aus Zeiten und Situati-

Abb. 34: Der Backnanger Stiftshof heute.

onen erhalten hat, über die wir sonst nur wenig wissen. Und wir haben gesehen, was aus diesen Bücher geworden ist, wo sie sich heute befinden.

Es ist immer wieder eine mühsame Spurensuche, und die Fährten, die diese alten Handschriften und Drucke bieten, müssen aufwändig verfolgt werden. Wo dies aber gelingt, können erhellende Einsichten in die Backnanger Stadtgeschichte gewonnen werden, über die sich andere Quellen ausschweigen.

Ausgewählte Literatur

Bomm, Helmut / Fritz, Gerhard / Reustle, Sabine / Schweizer, Rolf: Backnanger Stadtchronik, neu hg. in Zusammenarbeit mit der Stadt Backnang und Rudolf Kühn, Backnang 1991.

Jochum, Uwe: Bücher. Vom Papyrus zum E-Book, Darmstadt 2015.

Hüpsch, Johann Wilhelm Carl Adolph, Freiherr von: Epigrammatographie der Niederrheinischen Provinz, Köln/London 1801.

Kottmann, Carsten: Liturgische Handschriftenfragmente aus dem Augustiner-Chorherrenstift Backnang, in: Zeitschrift für württembergische Landesgeschichte 62 (2003), S. 101-117.

---: Eine mittelalterliche deutsche Predigthandschrift aus dem Augustiner-Chorherrenstift Backnang, in: Backnanger Jahrbuch 19 (2011), S. 59-74.

---: Der Büchersammler Petrus Jacobi, in: Backnanger Jahrbuch 26 (2017), S. 81-101.

Reustle, Sabine Beate: Stift und Stadt Backnang im 16. Jahrhundert. Territorialisierung und Reformation in einer württembergischen Amtsstadt, Backnang 1996 (Backnanger Forschungen 2).

Abbildungsnachweise

1: MTheiler. Lizenz: Creative Commons Attribution-Share Alike 4.0 International.

2, 5: Jost Amman (1539-1591): Eygentliche Beschreibung aller Stände auff Erden hoher und nidriger, geistlicher und weltlicher, aller Künsten, Handwerken und Händeln ..., Frankfurt a.M. 1568.

3: Hausbuch der Mendelschen Zwölfbrüderstiftung, Bd 1, Nürnberg, um 1425. Nürnberg, Stadtbibliothek, Amb. 317.2°.

4: Fragment des Archilochos. Universität zu Köln, Institut für Altertumskunde, Papyrologie, Papyrussammlung, Bd. II, Nr. 58, Inv.-Nr. 7511.

6, 7: Stuttgart, Hauptstaatsarchiv, H 102-6 Bd. 7.

8: Ecelan. Lizenz: Creative Commons Attribution-Share Alike 4.0 International.

9, 19, 34, 35: Public Domain.

10: Carsten Kottmann.

11, 12, 14, 15, 16, 17: Stuttgart, Württembergische Landesbibliothek, Cod. theol. et philos. 2° 64.

13: München, Bayerische Staatsbibliothek, Cgm 631.

18: kyselak. Lizenz: Creative Commons Attribution-Share Alike 3.0 Unported, 2.5 Generic, 2.0 Generic und 1.0 Generic.

20: Châlons, Bibliothèque municipale, Inc. 40.

21: Jean-Pol Grandmont. Lizenz: Creative Commons Attribution-Share Alike 3.0 Unported.

22: Garitan (Gemälde von Jean Baptiste Liénard, 1872). Lizenz: Creative Commons Attribution-Share Alike 3.0 Unported.

23: Paris, Bibliothèque nationale de France, Rés. F. 676.

24: Stadtarchiv und Stadthistorische Bibliothek Bonn.

25: Hannover, Museum August Kestner, Inv.-Nr. E 353.

26, 27, 28, 31: Darmstadt, Universitäts- und Landesbibliothek, Hs. 2533.

30: Jena, Thüringische Universitäts- und Landesbibliothek, 2 Phil.XI,40(4).

32: Augsburg, Römisches Museum.

33: Kölnisches Stadtmuseum - Graphische Sammlung.